身心覺察・自我療癒

轉化生命奇蹟卡

36個指引覺察、覺知、覺醒的靈性線索，

啟動身心靈蛻變的療癒能量，

讓你從裡到外轉化生命、見證奇蹟！

見證奇蹟紀錄本

日期：

使用奇蹟卡前的個人狀態：

身體感受

情緒感受

外在事件

抽到的奇蹟卡

....

奇蹟卡對應的身體部位

....

....

....

....

奇蹟卡對應的身心覺察

....

....

....

....

奇蹟卡對應的身心能量

....

....

....

....

用奇蹟卡的指引內容進行個人身心覺察

❶ 連結自己小時候在原生家庭中的情緒感受

....

....

....

....

....

....

....

....

❷ 對比兒時記憶中的父母親與成年後的自己有多少相似或相反之處

....

....

....

....

....

....

....

....

用奇蹟卡的指引內容進行個人身心覺察

❸ 如有補充奇蹟卡對應的身心能量，請繼續記錄補充前後的身心狀況。

❹ 持續落實覺察與記錄，對比前後轉化
（身體變化、與人的關係、情緒的反應、思考的模式、信念的改變等）

日期：

使用奇蹟卡前的個人狀態：

身體感受

情緒感受

外在事件

抽到的奇蹟卡

奇蹟卡對應的身體部位

奇蹟卡對應的身心覺察

奇蹟卡對應的身心能量

用奇蹟卡的指引內容進行個人身心覺察

❶ 連結自己小時候在原生家庭中的情緒感受

❷ 對比兒時記憶中的父母親與成年後的自己有多少相似或相反之處

用奇蹟卡的指引內容進行個人身心覺察

❸ 如有補充奇蹟卡對應的身心能量，請繼續記錄補充前後的身心狀況。

❹ 持續落實覺察與記錄，對比前後轉化
（身體變化、與人的關係、情緒的反應、思考的模式、信念的改變等）

日期：

使用奇蹟卡前的個人狀態：

身體感受

情緒感受

外在事件

抽到的奇蹟卡

奇蹟卡對應的身體部位

奇蹟卡對應的身心覺察

奇蹟卡對應的身心能量

用奇蹟卡的指引內容進行個人身心覺察

❶ 連結自己小時候在原生家庭中的情緒感受

....

....

....

....

....

....

....

....

❷ 對比兒時記憶中的父母親與成年後的自己有多少相似或相反之處

....

....

....

....

....

....

....

....

用奇蹟卡的指引內容進行個人身心覺察

❸ 如有補充奇蹟卡對應的身心能量，請繼續記錄補充前後的身心狀況。

❹ 持續落實覺察與記錄，對比前後轉化
（身體變化、與人的關係、情緒的反應、思考的模式、信念的改變等）

日期：

使用奇蹟卡前的個人狀態：

身體感受

情緒感受

外在事件

抽到的奇蹟卡

奇蹟卡對應的身體部位

奇蹟卡對應的身心覺察

奇蹟卡對應的身心能量

用奇蹟卡的指引內容進行個人身心覺察

❶ 連結自己小時候在原生家庭中的情緒感受

....

....

....

....

....

....

....

....

❷ 對比兒時記憶中的父母親與成年後的自己有多少相似或相反之處

....

....

....

....

....

....

....

....

用奇蹟卡的指引內容進行個人身心覺察

❸ 如有補充奇蹟卡對應的身心能量，請繼續記錄補充前後的身心狀況。

....

....

....

....

....

....

....

....

❹ 持續落實覺察與記錄，對比前後轉化
（身體變化、與人的關係、情緒的反應、思考的模式、信念的改變等）

....

....

....

....

....

....

....

....

日期：

使用奇蹟卡前的個人狀態：

身體感受

情緒感受

外在事件

抽到的奇蹟卡

奇蹟卡對應的身體部位

奇蹟卡對應的身心覺察

奇蹟卡對應的身心能量

用奇蹟卡的指引內容進行個人身心覺察

❶ 連結自己小時候在原生家庭中的情緒感受

....

....

....

....

....

....

....

....

❷ 對比兒時記憶中的父母親與成年後的自己有多少相似或相反之處

....

....

....

....

....

....

....

....

用奇蹟卡的指引內容進行個人身心覺察

❸ 如有補充奇蹟卡對應的身心能量，請繼續記錄補充前後的身心狀況。

....

....

....

....

....

....

....

....

❹ 持續落實覺察與記錄，對比前後轉化
（身體變化、與人的關係、情緒的反應、思考的模式、信念的改變等）

....

....

....

....

....

....

....

....

日期：

使用奇蹟卡前的個人狀態：

身體感受

情緒感受

外在事件

抽到的奇蹟卡

奇蹟卡對應的身體部位

奇蹟卡對應的身心覺察

奇蹟卡對應的身心能量

用奇蹟卡的指引內容進行個人身心覺察

❶ 連結自己小時候在原生家庭中的情緒感受

❷ 對比兒時記憶中的父母親與成年後的自己有多少相似或相反之處

用奇蹟卡的指引內容進行個人身心覺察

❸ 如有補充奇蹟卡對應的身心能量，請繼續記錄補充前後的身心狀況。

❹ 持續落實覺察與記錄，對比前後轉化
（身體變化、與人的關係、情緒的反應、思考的模式、信念的改變等）

日期：

使用奇蹟卡前的個人狀態：

身體感受

情緒感受

外在事件

抽到的奇蹟卡

奇蹟卡對應的身體部位

奇蹟卡對應的身心覺察

奇蹟卡對應的身心能量

用奇蹟卡的指引內容進行個人身心覺察

❶ 連結自己小時候在原生家庭中的情緒感受

❷ 對比兒時記憶中的父母親與成年後的自己有多少相似或相反之處

用奇蹟卡的指引內容進行個人身心覺察

❸ 如有補充奇蹟卡對應的身心能量，請繼續記錄補充前後的身心狀況。

❹ 持續落實覺察與記錄，對比前後轉化
（身體變化、與人的關係、情緒的反應、思考的模式、信念的改變等）

日期：

使用奇蹟卡前的個人狀態：

身體感受

情緒感受

外在事件

抽到的奇蹟卡

....

奇蹟卡對應的身體部位

....

....

....

....

奇蹟卡對應的身心覺察

....

....

....

....

奇蹟卡對應的身心能量

....

....

....

....

用奇蹟卡的指引內容進行個人身心覺察

❶ 連結自己小時候在原生家庭中的情緒感受

❷ 對比兒時記憶中的父母親與成年後的自己有多少相似或相反之處

用奇蹟卡的指引內容進行個人身心覺察

❸ 如有補充奇蹟卡對應的身心能量，請繼續記錄補充前後的身心狀況。

❹ 持續落實覺察與記錄，對比前後轉化
（身體變化、與人的關係、情緒的反應、思考的模式、信念的改變等）

日期：

使用奇蹟卡前的個人狀態：

身體感受

情緒感受

外在事件

抽到的奇蹟卡

奇蹟卡對應的身體部位

奇蹟卡對應的身心覺察

奇蹟卡對應的身心能量

用奇蹟卡的指引內容進行個人身心覺察

❶ 連結自己小時候在原生家庭中的情緒感受

❷ 對比兒時記憶中的父母親與成年後的自己有多少相似或相反之處

用奇蹟卡的指引內容進行個人身心覺察

❸ 如有補充奇蹟卡對應的身心能量，請繼續記錄補充前後的身心狀況。

....

....

....

....

....

....

....

....

❹ 持續落實覺察與記錄，對比前後轉化
（身體變化、與人的關係、情緒的反應、思考的模式、信念的改變等）

....

....

....

....

....

....

....

....

日期：

使用奇蹟卡前的個人狀態：

身體感受

情緒感受

外在事件

抽到的奇蹟卡

....

奇蹟卡對應的身體部位

....

....

....

....

奇蹟卡對應的身心覺察

....

....

....

....

奇蹟卡對應的身心能量

....

....

....

....

用奇蹟卡的指引內容進行個人身心覺察

❶ 連結自己小時候在原生家庭中的情緒感受

❷ 對比兒時記憶中的父母親與成年後的自己有多少相似或相反之處

用奇蹟卡的指引內容進行個人身心覺察

❸ 如有補充奇蹟卡對應的身心能量，請繼續記錄補充前後的身心狀況。

❹ 持續落實覺察與記錄，對比前後轉化
（身體變化、與人的關係、情緒的反應、思考的模式、信念的改變等）

日期：

使用奇蹟卡前的個人狀態：

身體感受

情緒感受

外在事件

抽到的奇蹟卡

奇蹟卡對應的身體部位

奇蹟卡對應的身心覺察

奇蹟卡對應的身心能量

用奇蹟卡的指引內容進行個人身心覺察

❶ 連結自己小時候在原生家庭中的情緒感受

❷ 對比兒時記憶中的父母親與成年後的自己有多少相似或相反之處

用奇蹟卡的指引內容進行個人身心覺察

❸ 如有補充奇蹟卡對應的身心能量，請繼續記錄補充前後的身心狀況。

❹ 持續落實覺察與記錄，對比前後轉化
（身體變化、與人的關係、情緒的反應、思考的模式、信念的改變等）

日期：

使用奇蹟卡前的個人狀態：

身體感受

情緒感受

外在事件

抽到的奇蹟卡

奇蹟卡對應的身體部位

奇蹟卡對應的身心覺察

奇蹟卡對應的身心能量

用奇蹟卡的指引內容進行個人身心覺察

❶ 連結自己小時候在原生家庭中的情緒感受

❷ 對比兒時記憶中的父母親與成年後的自己有多少相似或相反之處

用奇蹟卡的指引內容進行個人身心覺察

❸ 如有補充奇蹟卡對應的身心能量，請繼續記錄補充前後的身心狀況。

❹ 持續落實覺察與記錄，對比前後轉化
（身體變化、與人的關係、情緒的反應、思考的模式、信念的改變等）

日期：

使用奇蹟卡前的個人狀態：

身體感受

情緒感受

外在事件

抽到的奇蹟卡

……………………………………………………………………

奇蹟卡對應的身體部位

……………………………………………………………………

……………………………………………………………………

……………………………………………………………………

……………………………………………………………………

奇蹟卡對應的身心覺察

……………………………………………………………………

……………………………………………………………………

……………………………………………………………………

……………………………………………………………………

奇蹟卡對應的身心能量

……………………………………………………………………

……………………………………………………………………

……………………………………………………………………

……………………………………………………………………

用奇蹟卡的指引內容進行個人身心覺察

❶ 連結自己小時候在原生家庭中的情緒感受

❷ 對比兒時記憶中的父母親與成年後的自己有多少相似或相反之處

用奇蹟卡的指引內容進行個人身心覺察

❸ 如有補充奇蹟卡對應的身心能量，請繼續記錄補充前後的身心狀況。

❹ 持續落實覺察與記錄，對比前後轉化
（身體變化、與人的關係、情緒的反應、思考的模式、信念的改變等）

日期：

使用奇蹟卡前的個人狀態：

身體感受

情緒感受

外在事件

抽到的奇蹟卡

....

奇蹟卡對應的身體部位

....

....

....

....

奇蹟卡對應的身心覺察

....

....

....

....

奇蹟卡對應的身心能量

....

....

....

....

用奇蹟卡的指引內容進行個人身心覺察

❶ 連結自己小時候在原生家庭中的情緒感受

....

....

....

....

....

....

....

....

❷ 對比兒時記憶中的父母親與成年後的自己有多少相似或相反之處

....

....

....

....

....

....

....

....

用奇蹟卡的指引內容進行個人身心覺察

❸ 如有補充奇蹟卡對應的身心能量，請繼續記錄補充前後的身心狀況。

❹ 持續落實覺察與記錄，對比前後轉化
（身體變化、與人的關係、情緒的反應、思考的模式、信念的改變等）

日期：________

使用奇蹟卡前的個人狀態：

身體感受

....

....

....

....

....

情緒感受

....

....

....

....

....

外在事件

....

....

....

....

....

抽到的奇蹟卡

奇蹟卡對應的身體部位

奇蹟卡對應的身心覺察

奇蹟卡對應的身心能量

用奇蹟卡的指引內容進行個人身心覺察

❶ 連結自己小時候在原生家庭中的情緒感受

❷ 對比兒時記憶中的父母親與成年後的自己有多少相似或相反之處

用奇蹟卡的指引內容進行個人身心覺察

❸ 如有補充奇蹟卡對應的身心能量，請繼續記錄補充前後的身心狀況。

....

....

....

....

....

....

....

....

❹ 持續落實覺察與記錄，對比前後轉化
（身體變化、與人的關係、情緒的反應、思考的模式、信念的改變等）

....

....

....

....

....

....

....

....

身心覺察 · 自我療癒 · 轉化生命奇蹟卡

36 個指引覺察、覺知、覺醒的靈性線索，啟動身心靈蛻變的療癒能量，讓你從裡到外轉化生命、見證奇蹟！

牌 卡 作 者／趙采榛
聯 合 監 製／李蓉
美 術 編 輯／申朗創意

總　編　輯／賈俊國
副 總 編 輯／蘇士尹
編　　　輯／高懿萩
行 銷 企 畫／張莉滎 · 黃欣 · 蕭羽猜

發　行　人／何飛鵬
法 律 顧 問／元禾法律事務所王子文律師
出　　　版／布克文化出版事業部
台北市中山區民生東路二段 141 號 8 樓
電話：(02)2500-7008　傳真：(02)2502-7676
Email：sbooker.service@cite.com.tw
發　　　行／英屬蓋曼群島商家庭傳媒股份有限公司城邦分公司
台北市中山區民生東路二段 141 號 2 樓
書虫客服服務專線：(02)2500-7718；2500-7719
24 小時傳真專線：(02)2500-1990；2500-1991
劃撥帳號：19863813；戶名：書虫股份有限公司
讀者服務信箱：service@readingclub.com.tw
香港發行所／城邦（香港）出版集團有限公司
香港灣仔駱克道 193 號東超商業中心 1 樓
電話：+852-2508-6231　　傳真：+852-2578-9337
Email：hkcite@biznetvigator.com
馬新發行所／城邦（馬新）出版集團 Cité (M) Sdn. Bhd.
41, Jalan Radin Anum, Bandar Baru Sri Petaling,
57000 Kuala Lumpur, Malaysia
電話：+603- 9057-8822　　傳真：+603- 9057-6622
Email：cite@cite.com.my
印　　　刷／卡樂彩色製版印刷有限公司
初　　　版／ 2023 年 5 月
售　　　價／ 2380 元
I S B N ／ 978-626-7256-79-4

城邦讀書花園 www.cite.com.tw　布克文化 WWW.SBOOKER.COM.TW